수학귀신을 잡아라!
❹ 나와라! 곱셈의 요술

2020년 11월 30일 초판 1쇄 인쇄
2020년 12월 15일 초판 1쇄 발행

글 | 서지원
그림 | 김기수
감수 | 서울대학교 수학교육과 권오남 교수

발행인 | 정동훈
아동사업본부장 | 최낙준
편집 | 송미진, 김상범
디자인 | 장현순
영업 | 김관동, 이경진, 심동수, 고정아, 고혜민, 서행민, 양재원
제작 | 김장호, 김종훈, 정은교, 박재립
발행처 | (주)학산문화사
등록 | 1995년 7월 1일 제3-632호
주소 | 서울 동작구 상도로 282 학산빌딩
전화 | 편집 문의 828-8872~8873, 영업 문의 828-8962
팩스 | 823-5109
홈페이지 | www.haksanpub.co.kr

ⓒ서지원 2020

ⓒCJ ENM Corporation. All Rights Reserved.
ISBN 979-11-348-4078-5 74410
ISBN 979-11-348-4074-7 (세트)

※본 제품은 ㈜CJ ENM과의 상품화 계약에 의거 ㈜학산문화사에 의해 제작, 생산되오니 무단복제 시 법의 처벌을 받습니다.
※KC마크는 이 제품이 공통안전기준에 적합하였음을 의미합니다.
※이 책은 저작권법에 따라 한국 내에서 보호받는 저작물이므로 무단 전재와 무단 복제를 금합니다.
　이 책의 전부 또는 일부를 이용하려면 반드시 저작권자와 출판사의 동의를 받아야 합니다.
※잘못된 책은 바꾸어 드립니다.

신비아파트 고스트볼 X의 탄생
수학귀신을 잡아라!
❹ 나와라! 곱셈의 요술

(주)학산문화사

| 머리말 |

곱셈구구를 왜 외워야 할까요?

곱셈은 덧셈보다 훨씬 빠르지요.
같은 수를 여러 번 덧셈해야 할 때
곱셈은 한 번에 척, 계산하거든요.
만약 이 세상에 곱셈은 없고 덧셈만 있었다면
계산하는 데 엄청나게 시간이 오래 걸리고
불편했을 거예요.
곱셈을 쉽게 하려면 곱셈구구를 잘 외워야 해요.
곱셈구구는 처음 외울 때 어렵지만,
한 번 잘 외워 두면 평생 잘 쓸 수 있어요.

그런데 ×를 곱셈의 기호로 사용하게 되었는지는 알려지지 않았어요.

아마도 물건을 한꺼번에 묶을 때 ×자로 끈을 묶듯이 같은 수를 한꺼번에 묶는다는 뜻에서 ×를 사용한 게 아닐까요?

아니면, 덧셈 기호인 +와 비슷하지만 다르게 보이려고 × 모양으로 만든 게 아닐까요?

그럼 이제부터 재미있는 곱셈의 세계로 빠져 볼까요?

서지원

| 차례 |

수상한 장난감 가게

곱셈구구

우연히 얻은 열쇠 ★ 12

이상한 장난감 가게 ★ 36

진짜 두리를 찾아라! ★ 52

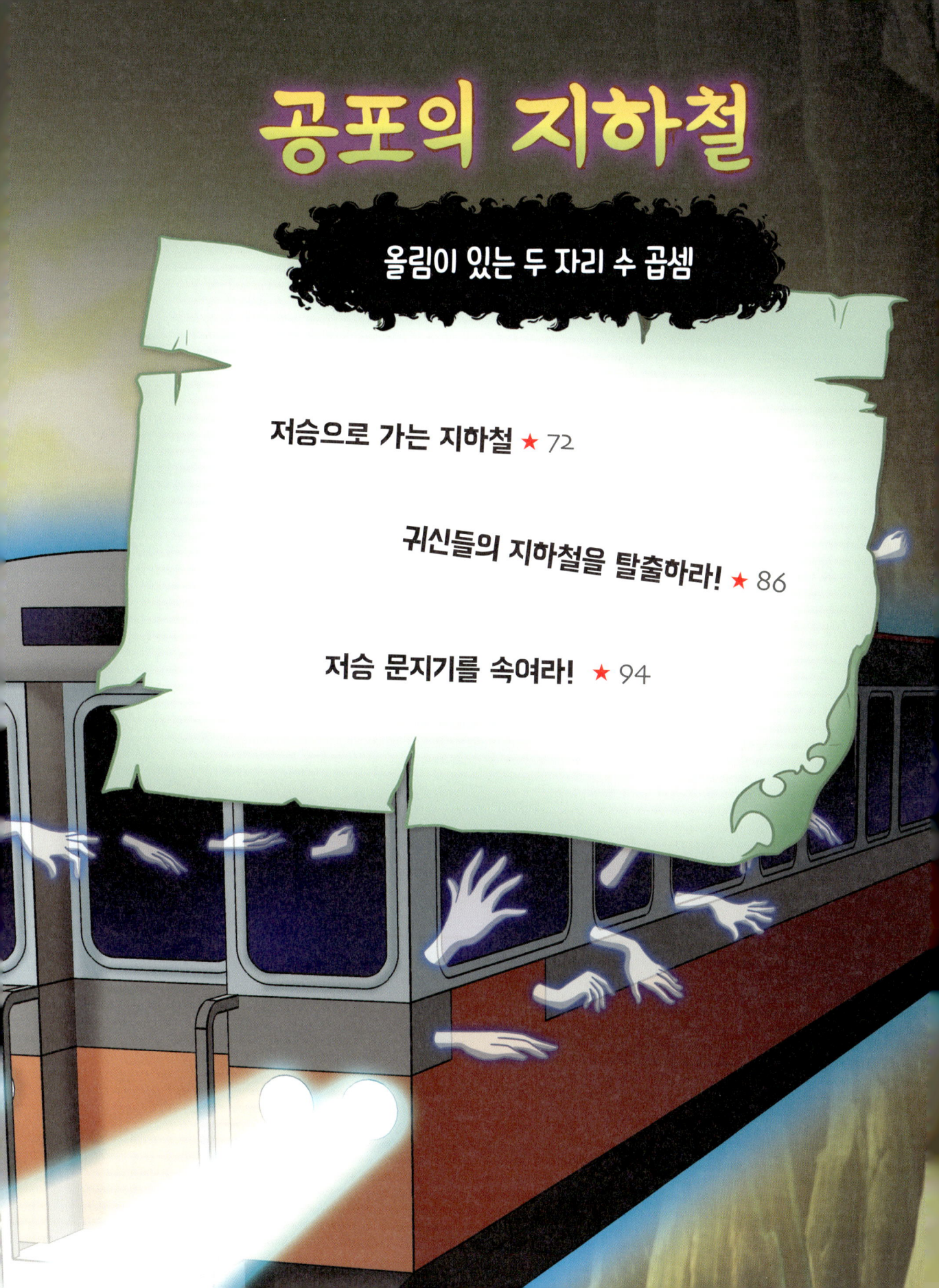

등장인물 소개

구두리
하리의 동생이자, 신비와 환상의 짝꿍! 귀신을 엄청 무서워하며 눈물도 많고 정도 많지만, 위기에 처한 누나를 구하기 위해 용기를 낼 만큼 성장하고 있다.

구하리
호기심 많고 힘도 넘치는 정의감 강한 소녀. 동생인 두리를 잘 챙기고 잃어버린 기억 때문에 괴로워하는 금비도 여동생처럼 잘 보살펴 준다.

금비
미소년 박애주의자인 밝고 순수한 조선 시대 도깨비. 평소에는 철없는 어린아이 같지만 귀신이 나타나거나 위기의 순간에서는 진중하고 진지한 모습을 보인다. 시간에 관련된 요술을 사용할 수 있다.

신비
신비아파트가 100년이 된 순간 태어나 신비아파트 맨홀 안에서 살고 있는 도깨비! 잘난 척, 용감한 척 다~ 하지만, 알고 보면 둘째가라면 서러운 겁쟁이다.

리온
아이기스의 최연소 퇴마사 소년. 누구에게나 친절하고 밝고 긍정적인 에너지가 넘쳐 주변 모두에게 인기가 많다. 귀여운 외모와 달리 귀신과 맞서 싸울 때는 강력한 마법의 힘을 발휘한다.

최강림
귀신과 맞서 싸우는 멋진 소년. 평소엔 차갑고 냉정해 보이지만 귀신과 싸울 땐 누구보다 강한 최강 퇴마사! 세상을 지키기 위해, 그리고 소중한 하리를 지키기 위해 멋진 퇴마검으로 귀신에 맞선다.

임프
심술궂고 못된 귀신으로, 아이들을 장난감 병정으로 만들어 버린다.

승무원 귀신
저승 입장권을 꼼꼼하게 챙기는 귀신이다. 입장권 없이 몰래 입장하려는 사람이나 귀신을 보면 몹시 분노한다.

문지기 개
저승을 지키는 문지기 역할을 하는 개. 살아 있는 사람을 아주 싫어해서 냄새만 맡아도 킁킁거리며 공격하려 한다.

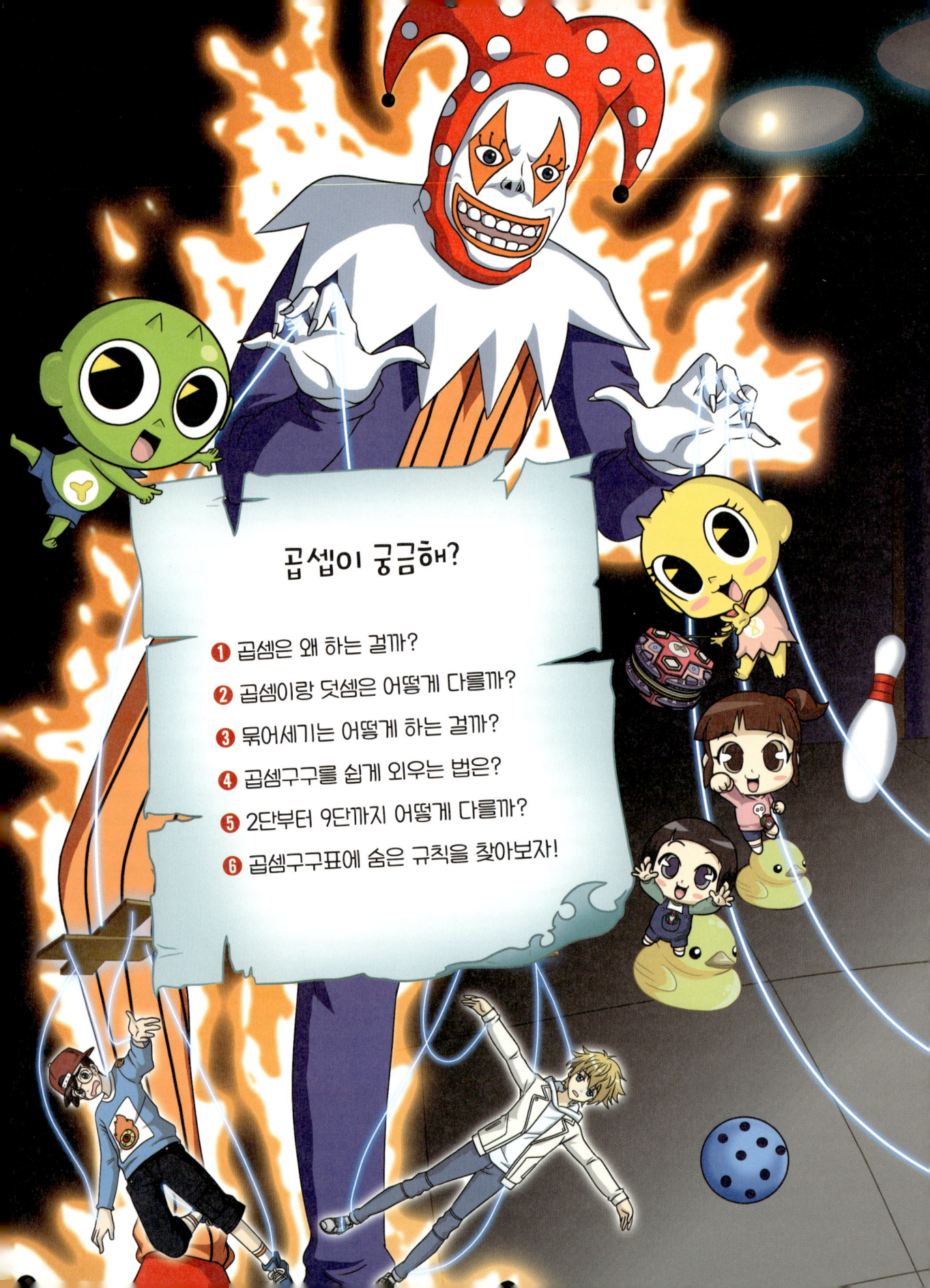

우연히 얻은 열쇠

"엇, 여긴 어디지?"

병수의 눈앞으로 낯선 거리가 펼쳐졌어요. 난생처음 보는 장소였어요.

'난 방금 전까지만 해도 침대에 누워 잠을 자고 있었는데 어떻게 여기까지 온 걸까?'

주위를 두리번거리던 병수가 멈칫했어요. 불빛이 환하게 밝혀진 장난감 가게가 보였던 거예요. 가게 진열장에는 여러 가지 장난감들이 가득했어요.

"우와! 내가 엄마한테 사 달라고 조르던 거다!"

병수는 자기도 모르게 유리창에 머리를 박고 진열대 안을 물끄러미 쳐다봤어요. 진열대 위에는 정말 갖고 싶은 '레이저 용사'라는 로봇도 있었어요. 병수는 로봇에서 눈을 떼지 못했어요.

사실은 매일 아침마다 레이저 용사를 사 달라고 졸랐거든요. 그때마다 엄마는 "다음에, 다음에 사 줄게!"라고 미루기만 했죠.

병수가 휘둥그레진 눈을 치켜뜨고 장난감을 볼 때였어요. 누군가 장난감 가게의 문을 열고 나왔어요. 인자한 얼굴의 할아버지였지요.

"애야, 갖고 싶은 장난감이라도 있니?"

"네……."

병수가 고개를 끄덕이자 할아버지가 빙그레 미소를 지었어요.

"그러지 말고 들어와서 구경하렴. 얼마든지 구경해도 좋단다."

"정말요?"

병수는 자기도 모르게 가게 안으로 들어갔어요.

이튿날 아침, 병수의 집은 발칵 뒤집히고 말았어요. 자기 방에서 곤히 잠든 줄 알았던 병수가 감쪽같이 사라졌기 때문이에요.

한편, 친구 병수가 사라진 걸 까맣게 모르는 두리는 학교에 갈 생각도 하지 않고 아빠 뒤꽁무니를 졸졸 따라다녔어요.

레이저 용사라는 장난감을 갖고 싶어서 그런 것이었지요.

"아빠, 제발 사 주세요, 네?"

"이번 달은 안 된다니까."

"쳇, 우리 집은 왜 이런 거야? 이게 다 아빠 때문이죠?"

두리가 얄미운 표정으로 아빠를 힐끗 쳐다봤어요.

"갑자기 아빠한테 왜 떼를 쓰고 그러니?"

"아빠가 얼른 취직하면 장난감쯤은 마음대로 살 수 있을 거라면서요. 으앙, 갖고 싶단 말이에요."

아빠가 난감해하는데도 새로 나온 레이저 용사를 사 달라고 졸랐어요. 그 모습을 본 하리가 두리를 향해 소리쳤지요.

"구두리, 너 당장 학교 갈 준비 안 해?"

"싫어!"

두리가 혀를 쏙 내밀더니 요리조리 도망을 다니기 시작했어요.

"너, 잡히기만 해 봐!"

하리가 두리를 잡으려고 허둥거렸어요. 그 순간, 도망치던 두리가 버둥대다가 식탁에 놓인 딸기잼 위로 고꾸라졌어요. 그 바람에 두리의 옷에 끈끈한 붉은색 잼이 잔뜩 묻고 말았어요.

"아침부터 엉망진창이야!"

두리가 버럭 성질을 내더니 문을 열고 나갔어요. 멋쩍어진 하리가 얼른 따라 나갔지요.

"구두리, 너 정말 왜 이래?"

"애들한테 오늘은 새로 산 레이저 용사를 들고 가겠다고 큰소리쳤단 말이야!"

"너도 참! 왜 지키지도 못할 말을 한 거야?"

"아빠가 사 줄 거라고 믿었지! 흥, 누나도 신비도 나빠! 누나는 무조건 참으라고만 하고, 신비는 승천을 백만 번 시키고 나면 레이저 용사를 만들어 줄지 말지 생각해 보겠다고 하고!"

두리가 입을 삐쭉대는 사이에 현우가 헉헉거리며 두 사람에게로 달려왔어요. 하리는 현우에게 인사하느라 잠시 한눈을 팔았지요. 그사이 두리가 골목 끝으로 후

다닥 뛰어갔어요.

하리를 기다리지 않고 혼자 먼저 학교에 가려고 했던 거예요.

두리가 쌩하니 골목 끝에 도착했을 무렵이에요. 힘겹게 무언가를 줍는 할아버지가 보였어요.

"아이고! 아이고, 허리야."

할아버지는 무거운 짐이 잔뜩 든 자루를 끙끙거리며 들고 가고 있었어요. 아빠와 누나에게는 심술을 부렸지만 본래 마음이 착한 두리는 슬그머니 할아버지 곁으로 다가갔어요.

"제가 좀 도와드릴까요?"

"허허, 그래 주겠니?"

그러면서 할아버지가 들고 있는 자루 속을 넌지시 봤어요. 그 속에는 이상한 바퀴가 잔뜩 들어 있었어요.

"이게 다 뭐예요?"

"바퀴란다. 자전거 바퀴들!"

"네?"

할아버지는 바퀴라면 자동차 바퀴든, 자전거 바퀴든, 킥보드 바퀴든 가리지 않고 다 줍는다고 했어요.

"고물상에다 바퀴를 갖다 주면 값을 잘 쳐주거든."

"그런데 ×는 왜 쓴 거예요? 저는 ×만 보면 틀렸다고 하는 것 같아서 기분이 나빠요."

두리가 어딘지 찔려 하며 말했어요.

"묶으려고 쓴 거지. 묶음으로 만들 때 × 모양으로 끈을 묶잖아. 곱하기는 여러 묶음을 끈으로 묶는 것과 같거든."

두리는 그제야 자기가 ×를 잘못 이해했다는 걸 깨달았어요.

할아버지는 자전거 바퀴 그림을 그리며 설명했어요.

(두 발 자전거의 바퀴 수)

2+2+2=6 　　　　 2×3=6

(세 발 자전거의 바퀴 수)

3+3+3=9 　　　　 3×3=9

(자동차의 바퀴 수)

4+4+4=12 　　　 4×3=12

"두 발 자전거가 3대 있다면 바퀴는 전부 몇 개일까?"

"2+2+2=6! 6개요."

할아버지는 덧셈을 하지 말고 곱셈을 해서 알아맞히라고 했어요. 덧셈보다 곱셈이 훨씬 계산해 내기 빠르다고요.

"세 발 자전거가 3대 있다면 바퀴는 몇 개일까?"

"3+3+3, 3을 3번 더하는 거예요. 그러니까 곱셈으로 하면 $3 \times 3=9$. 9개요."

"그렇지! 참 똑똑한 아이로구나."

칭찬을 받은 두리는 기분이 우쭐했어요.

할아버지는 자동차 3대의 타이어가 모두 몇 개인지 알아내는 법도 가르쳐 주었어요.

"4+4+4, 4를 3번 더하는 것은 4 곱하기 3과 같으니까 $4 \times 3=12$. 12개."

두리가 할아버지를 따라서 외쳤어요. 할아버지는 그런 두리를 무척 칭찬했지요.

"그런데 할아버지, 이걸 어디서 다 구하죠?"

"동네를 열심히 돌아다니다 보면 구할 수 있지. 운이 없으면 못 구할 때도 있지만."

"못 구하면 어떻게 되는데요?"

"그런 날은 쫄쫄 굶어야 한단다."

두리는 마음이 아팠어요.

"아, 그걸 다 찾으면 우리 손자가 그토록 갖고 싶어 하던 선물도 사 줄 수 있을 텐데."

할아버지의 말을 들은 두리는 주먹을 꼭 움켜쥐었어요. 방금 전까지 아빠한테 장난감을 사 달라고 졸라 대던 자기 모습이 떠올랐던 거예요.

"할아버지, 제가 도와드릴게요!"

두리가 할아버지의 일을 돕겠다며 두 팔을 걷어붙였어요. 우선 동네 구석구석을 다니며 버려진 자전거를 찾았지요. 오늘따라 운이 좋게도 버려진 자전거가 무더기로 발견되었지 뭐예요.

두리는 학교에 가는 것도 까맣게 잊어버린 채 자전거 바퀴를 뜯느라 시간 가는 줄 몰랐어요.

"두 발 자전거 8대에서 바퀴를 뜯었으니까…… 바퀴를 몇 개나 뜯은 거지?"

두리가 자전거의 바퀴 수를 세고 있을 때였어요.

"16개지."

"우와, 어떻게 후딱 계산하신 거예요?"

"두 발 자전거는 바퀴가 2개니까 곱셈구구 2단을 생각하면 쉽지. 2단은 2개씩 점점 커지잖니. 2의 곱에는 짝수만 나온단다."

×	1	2	3	4	5	6	7	8	9
2	2	4	6	8	10	12	14	16	18

"짹짹 병아리를 떠올려 보렴. 병아리가 2마리 있으면 다리는 모두 몇 개일까?"

"4개요."

"그래, 병아리가 3마리 있으면?"

"6개요!"

"그래, 잘하는구나!"

할아버지의 설명을 들은 두리가 머리를 긁적이며 웃었어요.

"헤헤, 제가 계산을 좀 못해요."

"그런 게 무슨 상관이겠니. 어이쿠, 마침 저기 세 발 자전거가 무더기로 버려졌구나!"

그 말에 두리가 신이 나서 외어요.

"버려진 자전거가 무려 6대나 있어요!"

두리는 버려진 세 발 자전거 6대에서 바퀴를 뽑으면 바퀴를 모두 몇 개나 구할 수 있는지 계산하려고 손가락을 꼼지락꼼지락거렸어요. 얼굴도 오만상을 지으며 잔뜩 찌푸렸지요.

그런데 생각처럼 계산이 잘 되질 않았어요.

"윽, 몇 대인 거야. 하나, 둘, 셋, 넷……."

두리가 일일이 숫자를 세려 할 때였어요.

"3씩 커지는 3단부터는 머리를 쓰며 계산해야 해. 세 발 자전거의 바퀴라든가, 세 잎 클로버의 잎을 생각하면 더 쉬워질 거야."

할아버지의 말에 세 잎 클로버가 여섯 개인 모습을 상상했어요.

(세 잎 클로버의 잎 개수)　　(세 잎 클로버의 잎 개수)

3+3+3+3+3+3=18　　　3×6=18

×	1	2	3	4	5	6	7	8	9
3	3	6	9	12	15	18	21	24	27

"우와, 18개!"

두리가 자신 있게 답했어요.

"그래, 여기서 18개의 바퀴를 구했으니 이제 자동차 타이어를 구하러 가 볼까?"

할아버지가 수레에 세 발 자전거 바퀴를 주워 담았어요. 두리도 바퀴 담는 일을 도왔지요.

"그런데 자동차 타이어는 어디서 구해요?"

"여기 버려진 자동차가 많단다."

공터에 가면 바퀴를 구할 수 있다고 해요. 아니나 다를까, 공터에 갔더니 버려진 낡고 오래된 자동차가 무려 4대나 있었어요.

"자동차 1대에 바퀴는 4개야. 자동차가 4대 있으니까 바퀴는 모두 몇 개일까?"

두리는 다시 손가락을 꼼지락꼼지락거렸어요.

"곱셈구구 4단을 외우면 금방이잖니."

할아버지가 빙그레 웃으며 말했어요.

"제가 아직 4단은 못 외워요."

"어렵게 생각할 거 없어. 4개짜리 바퀴를 가진 자동차가 4대 있으면 사 사 십육!"

순간 머릿속에 저절로 자동차가 하나씩 늘어났어요.

(자동차 바퀴 수)　　　　(자동차 바퀴 수)

4+4+4+4=16　　　　4×4=16

×	1	2	3	4	5	6	7	8	9
4	4	8	12	16	20	24	28	32	36

"16개!"

"그래, 그럼 16개를 수레에 담으면 되겠구나."

어느새 두리는 곱셈구구 4단을 익혔어요.

두 사람은 땀을 뻘뻘 흘리며 수레에 자동차 타이어를

옮겨 담았어요.

   일을 마치고 허리를 쭉 편 할아버지가 뿌듯한 표정으로 두리를 바라보며 말했지요.

"네 덕에 오늘은 폐물 값을 두둑이 받겠구나."

"다행이에요."

"날 도와준 고마움의 뜻으로 선물을 주고 싶은데…….
자, 이 열쇠를 받으렴."

"이게 뭔데요?"

"그 열쇠만 있으면 원하는 걸 뭐든 갖게 될 거야."

두리는 속으로 레이저 용사를 떠올렸어요.

"그럼, 난 이만 바빠서!"

그렇게 말하고는 할아버지는 수레를 끌고 어디론가 사라졌지요.

'아차차!'

그 순간 두리의 마음이 철렁, 하고 내려앉았어요.

"학교에 안 갔잖아! 어떻게 하지?"

그제야 학교가 떠올랐어요. 두리는 당장 학교로 달려가려고 했어요.

그런데 이상한 일도 다 있지요. 거리를 아무리 걸어도 학교가 보이지 않았어요.

"이상하네. 여기가 어디지?"

두리는 고개를 갸웃하며 주위를 살폈지요. 그때 낯선 건물 하나가 보였어요.

"못 보던 건물인데?"

그 건물의 입구는 두꺼운 철문으로 굳게 닫혀 있었고, 커다란 자물쇠로 잠겨 있었지요.

두리는 철문의 자물쇠를 살펴보았어요.

"엇, 자물쇠의 열쇠 구멍 모양이랑 할아버지가 준 열쇠가 닮은 것 같아."

두리는 혹시나 하는 마음으로 열쇠 구멍 속에 열쇠를 밀어 넣었어요.

'찰칵!'

열쇠가 돌아가면서 자물쇠가 열렸지 뭐예요.

이상한 장난감 가게

두리가 문을 열고 들어가자 키다리 어릿광대가 나타났어요.

"이 가게의 새로운 주인님이 오셨다!"

어릿광대가 두리를 향해 허리 숙여 인사했어요. 두리는 어리둥절한 표정으로 주위를 살폈어요. 그곳은 장난감 가게였어요. 진열대에는 수많은 장난감이 가득 쌓여 있었지요.

"제가 정말 이 가게의 주인이라고요?"

"그럼요. 여기 있는 건 모두 다 주인님의 것입니다."

어릿광대는 두리에게 무엇이든 갖고 놀아도 된다고 말했어요. 순간, 두리의 눈이 반짝 빛났어요. 신기하고 재미있는 장난감이 넘쳐 났거든요.

"주인님, 여기 있는 건 뭐든 갖고 놀아도 됩니다. 다만 저기 있는 장난감 병정만 손대지 마세요."

어릿광대는 이렇게 말하고 사라졌어요.

두리는 어릿광대가 가리킨 장난감 병정들을 흘깃 보았어요. 진열대에 놓인 병정의 수는 가로 3줄, 세로 5줄이었어요.

그 시간, 하리는 사라진 두리를 찾느라고 진땀을 빼고 있었어요. 신비와 금비에게 두리를 찾을 수 있게 도와 달라고 부탁했어요. 현우랑 강림이, 리온이도 두리의 이름을 외치며 동네를 헤맸지요.

"놀이터에도 없고, 슈퍼도 안 왔다고 하고……."

"이 녀석, 대체 어디로 놀러 간 거지? 찾기만 해 봐."

하리는 화도 났지만 무슨 일이 생긴 건 아닌가 걱정이 더 컸어요. 걱정에 잠긴 하리의 모습을 살피던 강림이가 금비에게 말했어요.

"과거를 비추는 거울로 두리가 어디로 갔는지 살펴보면 어때?"

"그거 좋은 생각이데이~ 내가 찾아보께!"

금비가 얼른 과거를 비추는 거울을 꺼냈어요. 곧 맑은 거울 속으로 두리의 모습이 나타났지요.

두리는 하리를 따돌리듯 혀를 쑥 내밀고 골목 끝으로 뛰어갔어요. 그러곤 골목 끝에 서 있는 할아버지에게 말을 걸었지요.

거울로 본 두리는 입만 벙긋거릴 뿐 목소리까진 들리지 않았어요.

"할아버지에게 '도와드릴까요?'라고 묻는 것 같은데?"

현우가 머리를 긁적이며 말했어요.

"맞아, 할아버지도 두리에게 뭔가를 부탁하는 것 같아."

이윽고 두리는 골목을 돌아다니며 자전거 바퀴, 자동차 타이어 따위를 줍기 시작했어요.

"두리가 할아버지를 도와드리고 있나 봐."

"잠깐, 저 할아버지랑 헤어지고 있어."

모두 집중해서 거울을 들여다봤어요. 이윽고 두리가 이상한 건물 안으로 들어가는 모습이 보였지요.

"어, 저긴 어디지?"

아이들은 거울 속에 비친 장난감 가게를 유심히 살펴보았어요.

"이상하네. 신비아파트 근처엔 저런 장난감 가게가 없는데……."

현우가 무심코 중얼거렸어요.

그 순간, 하리는 온몸에 오소소 소름이 돋았어요. 두리에게 위험이 닥친 것 같다는 느낌이 들었던 거예요.

"당장 두리를 찾아야 해! 리온아, 강림아, 현우야, 도와줘! 두리가 위험에 빠진 것 같아!"

"침착해, 구하리!"

강림이가 하리를 진정시켰어요. 그때 골목 끝에서 한 아주머니가 누군가를 애타게 찾는 모습이 보였어요.

"병수야! 김병수!"

아주머니는 바로 사라진 병수의 엄마였어요.

"자고 일어나니 병수가 감쪽같이 사라졌더구나. 이럴 줄 알았으면 그 장난감을 사 주는 건데……. 장난

감이 갖고 싶다고 그렇게 떼를 쓰고 울더니 사라져 버렸어."

아주머니는 눈물을 글썽였어요.

"병수도 장난감 때문에 그랬어요?"

하리가 놀라 두 눈을 휘둥그렇게 떴어요. 아침에 두리가 아빠 꽁무니를 졸졸 따라다니면서 장난감을 사 달라고 징징대던 모습이 떠올랐던 거예요.

"옆 동네에 사는 민지라는 아이도 장난감을 사 달라고 떼를 쓰다가 사라졌대. 우리 병수에게 무슨 큰일이 난 건 아니겠지?"

아주머니는 발을 동동 굴렀어요.

"별일 아닐 거예요. 장난감 가게에 몰려가서 구경하느라 정신이 팔려, 시간 가는 줄 모르고 있을 거예요. 저희가 병수도 같이 찾아볼게요."

강림이가 아주머니를 안심시키고는 아이들을 이끌고 골목으로 들어갔어요.

"너희들도 금비의 거울로 본 장난감 가게가 수상하지? 금비야, 그 가게가 어디 있는지 알아봐 줘."

"알았데이, 기다려 봐라."

금비가 과거를 비추는 거울을 흔들었어요. 하지만 거울 속에서는 아무런 변화가 없었어요. 금비가 알 수 없다는 듯이 다시 거울을 세게 흔들었지만 이번에도 마찬가지였어요.

"엇, 뭔가 이상하데이. 틀림없이 주소가 튀어나와야 하는데."

그 무렵, 두리는 장난감을 갖고 노는 게 슬슬 지겨워지기 시작했어요.

자리에서 일어난 두리는 가게를 둘러봤어요. 그때 장

난감 병정이 눈에 들어왔어요. 두리는 장난감 병정의 숫자를 세며 고개를 갸웃했어요.

'아까는 세로 3줄 가로 5줄로 서 있던 거 같은데……. 지금은 세로 7줄 가로 5줄이네? 숫자가 더 늘어난 게 틀림없는데.'

혼자 생각에 잠겨 있을 때였어요.

"몇 개가 늘었다는 거죠?"

다시 나타난 어릿광대가 두리의 생각을 쏙쏙 읽기라도 한 듯 쏘아붙였어요.

"그러니까 그게…….."

두리가 더듬더듬 장난감 병정의 숫자를 세어 보려 했어요. 그 순간, 어릿광대가 두 눈을 부릅뜨고는 빨리 대답하라며 다그쳤어요.

"어서 대답해!"

"그, 그러니까……!"

두리는 재빨리 곱셈을 했어요.

3+3+3+3+3 = 3×5 = 15

"아까 할아버지가 3단은 세 발 자전거의 바퀴나 세 잎 클로버의 잎 개수를 생각하면 된다고 했어. 세 발 자전거가 5대 있으면 15개. 처음에는 15개였어요!"

"그다음에 어떻게 변했지?"

두리는 당황했어요.

할아버지한테 곱셈구구 7단은 배우지 못했기 때문이에요.

'세로 7줄 가로 5줄이면, 가로 5줄 세로 7줄과 똑같잖아. 그러면 5 곱하기 7을 하면 돼. 5×7은 35.'

5+5+5+5+5+5+5 = 5×7 = 35
7+7+7+7+7 = 7×5 = 35

머릿속으로 재빨리 곱셈을 마친 두리가 숫자를 외쳤어요.

"아깐 15개였는데 지금은 35개로 늘어났다고요!"

그러자 어릿광대가 기분 나쁜 웃음을 지으며 두리에게 다가왔어요.

"크크크. 내가 장난감 병정은 보지도, 만지지도 말랬잖아!"

놀란 두리는 외마디 비명을 지르며 쓰러졌어요.

그렇게 시간이 얼마나 흘렀을까. 정신을 차린 두리는 몸이 어딘지 이상하다는 걸 느낄 수 있었어요. 몸이 움직이지 않았거든요.

'어, 내 몸이 왜 이런 거지?'

두리는 자신의 몸이 딱딱한 장난감 병정으로 바뀌었다는 걸 깨달았어요.

"조용히 해. 소리 질러 봤자 소용없어. 이제 넌 그저 나의 귀여운 장난감 병정이니까."

눈앞에는 어릿광대가 서 있었어요.

'아저씨, 저한테 왜 이러세요!'

두리가 속으로 소리칠 때였어요. 어릿광대가 무서운 귀신으로 변하기 시작했어요.

키는 두리만 하고, 두 눈은 시뻘겋고, 그리고 엉덩이 끝에는 갈고리 모양의 꼬리가 달려 있는 귀신으로요. 보는 것만으로도 기분이 나빴어요.

그래요! 어릿광대의 정체는 임프였던 거예요. 임프는 아주 사악하고 성격이 심술궂은 귀신으로 알려져 있어요.

'누나, 신비야, 금비야, 제발 살려 줘!'

임프의 모습을 본 두리는 속으로 간절히 외쳤어요.

진짜 두리를 찾아라!

두리를 찾아다니던 하리와 신비, 금비, 그리고 강림이와 리온이, 현우는 자리에 털썩 주저앉고 말았어요. 온 동네를 뒤졌지만 두리가 있는 장난감 가게와 비슷한 곳을 찾을 수가 없던 거예요.

"벌써 몇 시간째 온 동네를 샅샅이 살피고 있는데 비슷한 가게는커녕 두리 머리카락도 안 보여."

"후, 이제 어쩌지?"

그때 강림이가 바닥에 이상한 숫자가 새겨진 것을 발견하고는 고개를 갸웃했어요.

"강림아, 왜 그래?"

"이 숫자들 좀 봐. 아무래도 이상한 기운이 느껴져."

강림이는 바닥에 새겨진 숫자들과 빈칸에 들어갈 숫자들을 유심히 살펴보았어요.

×	1	2	3	4	5	6	7	8	9
1		2	3	4	5	6	7	8	9
2	2		6	8	10	12	14	16	18
3	3	6		12	15	18	21	24	27
4	4	8	12		20	24	28	32	36
5	5	10	15	20		30	35	40	45
6	6	12	18	24	30		42	48	54
7	7	14	21	28	35	42		56	63
8	8	16	24	32	40	48	56		72
9	9	18	27	36	45	54	63	72	

"이쪽으로 보면 1하고 1은 1, 2하고 2는 4, 3하고 3은 9……."

현우가 숫자들을 읽으며 중얼거렸어요. 그 순간, 강림이가 무릎을 탁 쳤어요.

"이건 곱셈구구잖아!"

"곱셈구구?"

"봐, 이렇게 보면 곱셈구구가 되잖아."

"그러네!"

"그렇다면 여기 빈칸에 들어갈 숫자를 채워 보자. 혹시 뭔가 나타날지도 몰라."

리온이가 외쳤어요.

강림이는 막대기 하나를 주워서 빈칸에 숫자를 써 넣었어요. 그러자 희뿌연 안개가 밀려오더니 눈앞에 거대한 장난감 가게가 나타났어요.

금비가 가진 과거를 비추는 거울에서 보았던 가게가 틀림없었어요.

아이들은 당장 가게로 달려가 문을 열어젖혔어요. 그러자 임프가 새빨간 두 눈을 부릅뜨고 아이들을 노려보았어요.

"이 녀석들, 여기가 어디라고 나타나!"

"내 동생 두리는 어디 있어요? 당장 두리를 돌려주세요!"

"네 동생을 왜 여기서 찾는 거야?"

"이 가게 안으로 들어가는 걸 다 봤다고요!"

하리가 과거를 비추는 거울을 내밀며 외쳤어요.

"크흐흐흐."

임프가 기분 나쁜 웃음을 지으며 말했어요.

"아이쿠, 이런! 어떤 게 네 동생인지 통 모르겠네. 자신 있으면 너희들이 직접 찾아보시지."

"뭐라고요?"

하리가 장난감 병정들을 보았어요.

"그런데 이 수많은 장난감 병정들 가운데 누가 두리인지 딱 한 번에 알아맞혀야만 해. 만약 그렇게 하면 네 동생을 돌려주마. 아니면 너도 똑같은 장난감 병정으로 만들어 버리겠어. 그래도 좋으냐?"

"조, 좋아요!"

하리가 곧장 장난감 병정 하나를 집으려 하자 리온이가 하리의 손을 가로막았어요.

"내가 먼저 해 볼게."

"어?"

"두리가 아니면 네가 장난감 병정으로 변할지 모르잖아. 그러니까 내가 먼저 집을게."

리온이가 침착하게 장난감 병정들 가운데 하나를 집으려 했어요. 그러자 임프가 꼬리를 휘두르며 빨리 골라 보라고 재촉했지요.

"이게 두리일 것 같아."

리온이가 하리가 집으려던 장난감 병정을 번쩍 집어 들며 말했어요.

"땡!"

임프는 아이들을 비웃으며 리온이의 몸을 장난감 병정으로 만들어 버렸어요!

"크크크."

다음으로 현우가 다른 장난감 병정을 집었어요.

"그럼 이건? 이게 바로 두리인 거지?"

"그것도 땡이야! 그건 어젯밤에 만든 물건이지. 이름이 병수였던가!"

임프는 현우도 장난감 병정으로 만들었어요. 하리는 겁에 질려 부르르 몸을 떨었어요.

"구하리, 침착해."

강림이가 하리의 손을 꽉 잡으며 말했어요. 하리는 두 눈을 질끈 감고서 두리를 구할 방법을 생각하기 시작했어요.

'생각해야 해, 두리의 특징…… 특징! 아, 그래, 두리가 아침에 옷에다 딸기잼을 잔뜩 묻혔지.'

하리는 재빨리 신비에게 꿀벌을 불러 달라고 소리쳤어요.

"갑자기 꿀벌을 불러 달라고?"

"그래, 어서!"

"뭐야, 이번엔 저 도깨비가 대신 알아맞히는 거야?"

임프가 묻자 하리가 답했어요.

"누가 두리인지 고르라고만 했지, 신비에게 도움을 청하면 안 된다는 말은 한 적이 없잖아!"

"그래, 꿀벌쯤이야 봐 줄 수 있지."

그러면서 당장 병정을 고르라고 다그쳤어요. 그 말을 들은 신비가 얼른 요술 요요를 던졌어요.

"나와라, 요술 꿀벌~ 깹!"

곧 커다란 꿀벌이 나타났어요.

신비랑 강림이는 하리에게 대체 꿀벌로 무얼 할 작정이냐고 물었어요. 하리는 대답을 하는 대신 꿀벌이 날아다니는 걸 가만히 지켜보기만 했어요. 신비와 금비, 강림이는 당황한 표정으로 하리와 꿀벌을 번갈아 보았지요.

여러 개의 장난감 병정들 사이를 돌아다니던 꿀벌이 마침내 한 개의 머리 위에 내려앉았어요.

"그래, 저거야!"

하리는 재빨리 그 장난감 병정을 낚아챘어요.

"이게 바로 두리지?"

"그, 그걸 어떻게!"

임프가 날카로운 외마디 비명을 지르며 발을 쾅쾅 굴렀어요.

그와 함께 두리와 현우, 리온이의 몸이 장난감 병정에서 원래대로 돌아왔어요. 화가 난 임프는 하리를 공격하려 했지요. 하지만 하리가 부리나케 고스트볼을 꺼내 백의귀를 소환했어요.

"소환, 백의귀!"

"크아아아!"

고스트볼에서 튀어나온 백의귀가 소리를 지르며 뾰족한 손톱으로 임프를 공격했어요. 백의귀의 공격을 받은 임프는 바닥에 쾅 엉덩이를 찧고 말았어요.

그 틈을 놓치지 않고 강림이가 퇴마검으로 임프를 베어 버렸지요.

"말도 안 돼, 내가 이렇게 쉽게 당하다니!"

임프는 외마디 비명을 내지르며 소멸되었어요.

"휴, 이제 다 끝났다."

이어서 거대한 장난감 가게가 눈 녹듯 스르륵 사라지기 시작했어요. 아이들은 장난감 가게가 사라지는 것을 지켜보았지요.

"모두 사라졌어……."

"흑, 내가 갖고 싶었던 장난감도!"

장난감 가게가 사라진 자리에는 장난감 병정들만 수북하게 쌓여 있었어요.

하리와 아이들이 병정을 나란히 세우자 놀라운 일이 벌어졌어요. 병정의 봉인이 풀리며 원래 모습으로 되

돌아온 거예요.

"여기가 어디지?"

"으, 난 집에서 잠자고 있었는데!"

아이들은 자신에게 무슨 일이 벌어졌는지 전혀 모르는 듯했어요.

"얘들아, 어서 집으로 돌아가야지."

하리의 말에 아이들은 고개를 갸웃거리며 각자의 집으로 돌아갔어요. 하리와 두리, 신비와 금비, 그리고 강림이랑 리온이, 현우도 기지개를 펴며 집으로 돌아갔어요.

★ 신비가 알려 줄게! ★
곱셈구구를 쉽게 외우는 법을 알려 줄게!

곱셈구구를 공부할 때 보통 2단부터 시작해.

×	1	2	3	4	5	6	7	8	9
2	2	4	6	8	10	12	14	16	18

10단은 1단에 10배만 하면 되니까 1단만큼 쉽지.

×	1	2	3	4	5	6	7	8	9
10	10	20	30	40	50	60	70	80	90

곱셈구구 5단 외우는 법을 알려 줄게.

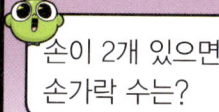

손이 2개 있으면 손가락 수는?

10개지.

손이 3개 있으면 손가락 수는?

15개.

바로 이거야. 손이 1개씩 많아질 때마다 손가락 수는 5개씩 커지지.

다른 곱셈도 마찬가지데이. 2단을 외울 때는 닭다리가 늘어나는 걸 생각해 보래이. 아고, 맛나겠다.

★ 신비가 알려 줄게! ★
곱셈구구표의 비밀이 궁금하지?

곱셈구구표를 자세히 보면 규칙이 있어!
어떤 규칙이 있는지 살펴볼까?

×	1	2	3	4	5	6	7	8	9
1	1	2	3	4	5	6	7	8	9
2	2	4	6	8	10	12	14	16	18
3	3	6	9	12	15	18	21	24	27
4	4	8	12	16	20	24	28	32	36
5	5	10	15	20	25	30	35	40	45
6	6	12	18	24	30	36	42	48	54
7	7	14	21	28	35	42	49	56	63
8	8	16	24	32	40	48	56	64	72
9	9	18	27	36	45	54	63	72	81

1, 4, 9, 16, 25, 36, 49, 64, 81을 잘 관찰하면 규칙을 찾을 수 있어.

홀수, 짝수가 반복되어 나타난다는 거야. 1은 홀수, 4는 짝수, 9는 홀수, 16은 짝수…….

신비의 비법 정리

곱셈구구를 외울 때 이런 걸 그려 봐! 금방 외워질 거야!

2단–병아리 다리
3단–세 발 자전거 바퀴
4단–자동차
5단–손가락
6단–나비 다리
7단–밤하늘의 북두칠성
8단–문어 다리
9단–목련꽃 꽃잎

7×7이 잘 외워지지 않는다고? 49인지, 48인지 헷갈린다고?
그럴 때는 이렇게 외워. 칠칠치 못하게 49점이네! 한번 따라해 봐!

저승으로 가는 지하철

"우와, 이게 얼마 만의 나들이야!"

들뜬 현우가 콧노래를 불렀어요.

하리와 강림이, 현우, 리온이가 장미 공원으로 나들이 가기로 했던 거예요. 엄밀히 말하면, 놀러 가는 건 아니었어요. 곧 있을 사생대회에서 그릴 그림을 연습하기 위해 사전 답사를 겸해서 가는 것이거든요.

어쨌거나 향긋한 장미꽃을 볼 생각에 벌써부터 가슴이 들떴어요. 아이들은 간단한 그림 도구를 챙겨서 '화랑 역' 앞으로 모였답니다.

"장미꽃이 활짝 피었겠지?"

하리가 묻자 현우가 촐싹대며 말했어요.

"유휴, 거기 가서 폼 나게 그림 그리는 모습을 찍어서 SNS에 올려야지."

"애들아, 열차가 들어올 시간이야."

그러면서 리온이가 하리의 손을 잡았어요.

"뭐 해! 빨리 가야지!"

"알았어……."

강림이는 괜히 둘 사이를 툭 지나갔어요.

"어디 보자, 장미 공원 역까진 15정거장이네."

"점심 무렵이라 그런지 지하철 역이 한적한 것 같아."

하리와 아이들은 지하철 플랫폼에 서서 지하철이 들어오기만을 기다렸어요.

그때 전광판에 '열차가 전 역을 출발하였습니다.'라는 안내 문자가 떠올랐지요. 아이들은 플랫폼 안전선 뒤에 멈춰 서 있었어요.

곧장 열차 한 대가 승강장으로 들어왔어요.

"엇, 지하철이 이렇게나 빨리 오다니!"

"그러게. 너무 빠른데?"

리온이와 강림이가 동시에 고개를 갸웃할 때였어요. 현우가 지하철 안으로 잽싸게 들어갔어요. 그러곤 텅 빈 좌석을 가리키며 빨리 타야 한다고 호들갑을 떨지 뭐예요.

"얘들아, 어서 와! 안 그러면 못 앉는다고!"

하리, 강림이, 리온이가 차례로 현우 옆자리에 앉았어요. 그사이 열차의 문이 닫히더니 앞으로 서서히 움직이기 시작했어요.

"어째 지하철 안이 엄청 한적하다."

"그러게, 아무리 점심시간이어도 그렇지……. 지하철에 사람이 이렇게 없는 건 처음인데?"

"오늘 무슨 일이 있는 건가?"

하리와 아이들이 탄 칸은 물론이고 옆 칸도, 그 옆 칸도 사람이라고는 보이지 않았어요.

"뭐 어때! 덕분에 널찍하니 앉아 갈 수 있어서 좋은데!"

현우는 아예 지하철 의자에 드러눕는 시늉까지 했어요. 다음 역에 도착하자 지하철이 멈추더니 문이 스르륵 열렸어요. 하지만 이번 역에서도 승객은 한 명도 없었어요.

아이들은 텅 빈 지하철 안을 두리번거리며 고개를 갸웃했지요. 그런데도 열차 문이 몇 번이나 열렸다, 닫혔다를 반복했어요.

어찌된 일인지 도무지 알 수 없어 혼란스러웠어요. 처음엔 문이 고장 난 게 아닐까 생각했어요. 그 순간, 안내 방송이 흘러나왔어요.

"문이 곧 닫힙니다. 거기 문 앞에 계신 손님, 위험하니 안쪽으로 들어가세요."

하리는 속으로 '아무도 없는 지하철 안인데 왜 저런 안내 멘트를 하는 것일까?' 의아해했어요.

다시 안내의 말이 나왔어요.

"우리 열차는 터널을 통과하는 관계로 불이 꺼질 예정입니다. 터널을 지날 때까지 열차 안의 모든 불이 꺼질 예정이오니 놀라지 마십시오."

'지하철에서 이런 안내 멘트도 해 줬던가?'

하리는 어딘지 이상하다고 생각했어요.

이윽고 열차가 터널 안으로 들어가자 찌직 소리를 내며 불이 꺼졌지요. 순간, 하리와 아이들의 눈이 휘둥그레졌어요.

텅 빈 지하철 안에 귀신들이 바글바글했던 거예요!

무서운 눈으로 상대방을 노려보는 귀신, 달걀귀신, 몽달귀신, 처녀귀신, 총각귀신, 할머니 귀신, 어린아이 귀신……. 온갖 귀신이 있었어요.

"으으으!"

수많은 귀신이 모두 문 쪽을 쳐다보며 소리를 내고 있었어요.

"이, 이게 어떻게 된 거지?"

"쉿, 저 귀신들은 우리를 자기들처럼 귀신인 줄 아는 것 같아."

강림이가 눈치를 살피며 말했어요. 강림이의 말대로 귀신들은 이 지하철 안에는 귀신들만 모여 있는 줄 아는 것 같았어요.

무엇보다 지하철 안에 살아 있는 사람이 있다는 걸 눈치채면 동시에 공격해 올 게 분명했어요.

하리와 현우, 그리고 강림이랑 리온이는 바짝 긴장한 채 침만 꼴깍거렸지요.

안내 멘트가 다시 울려 퍼졌어요.

"잠시 안내 말씀드리겠습니다. 우리 열차에 타지 말아야 할 것이 탄 모양입니다. 우리 열차는 모두 20칸입니다. 그리고 각 칸에는 50명의 귀신이 탈 수 있습니다. 에, 그러면 우리 열차엔 모두 몇 명의 귀신이 탈 수 있는 건가요? 내가 계산이 잘 안 돼서……."

기관사의 말이 끝나기 무섭게 귀신들이 계산을 하기 시작했어요. 손을 꼽아 가며 셈을 하는 귀신도 있고, 바닥에다 숫자를 쓰며 계산하는 귀신도 보였어요.

복잡한 문제에 귀신들은 머리가 빙빙 도는 듯했어요. 곱셈인지, 나눗셈인지, 덧셈인지 대체 뭘 해야 할지 모르겠다는 표정이었지요.

양복을 입은 파리한 얼굴의 귀신이 제일 먼저 손을 번쩍 들더니 이렇게 말했어요.

"나는 수학 선생님이었습니다. 내가 계산을 해 보죠. 20×50은 1,000이군요."

"아하, 감사합니다. 그럼 어디 귀신의 수를 세어 볼까요?"

기관사가 귀신들의 수를 세기 시작했어요.

"삐익, 삐익, 삐이익, 삐이이익."

삐익 소리가 네 번 연달아 들려왔어요. 정체를 들키면 어쩌나 싶어 아이들은 공포에 질린 얼굴로 이를 딱딱거렸어요.

다시 안내 방송이 흘러나왔어요.

"승객 여러분, 우리 열차에 4명의 인간이 타고 있는 것 같습니다. 누구인지 찾아야 합니다. 손님 여러분들은 주변을 잘 살펴 주시기 바랍니다."

귀신들이 삐걱삐걱 소리를 내며 고개를 돌리기 시작했어요. 그럴수록 하리와 아이들의 입술은 바싹 말랐어요. 때마침 지하철이 다음 역에 도착한다는 안내 방송이 나왔어요.

"이번 역은 저승 전전 역, 저승 전전 역입니다. 우리 열차는 저승 입구 역까지만 운행되는 열차이오니 승객 여러분들은 저승 입구 역에서 모두 빠짐없이 내리시기 바랍니다."

아이들은 어떻게든 이 열차에서 빠져나가야겠다고 생각했지요.

"얘들아, 어떡하지?"

"문이 열리면 동시에 뛰어나가자. 그 방법밖엔 없어."

"알았어!"

하리와 아이들은 서로 눈치를 살피다가 문이 열리자마자 곧장 빠져나가기로 약속했어요.

"하나, 둘, 셋!"

문이 열리자마자 지하철 문 밖으로 뛰어나가려 했어요. 그런데 귀신들이 아이들을 노려보며 눈을 부릅뜨지 뭐예요!

귀신들의 지하철을 탈출하라!

귀신들이 하리와 아이들의 팔다리를 우악스럽게 붙잡았어요. 겁에 질린 하리와 현우는 온몸이 돌덩이처럼 얼어붙는 것 같았어요.

어떤 귀신은 하리의 발을 붙잡았고, 어떤 귀신은 현우의 머리카락을 움켜쥐었어요. 또 어떤 귀신은 강림이의 옷깃을 쥐었고, 어떤 귀신은 리온이의 팔을 팔짱 끼듯 잡았지요.

"으흐흐, 살아 있는 인간이다!"

귀신들은 이상한 신음소리를 냈어요.

"어떡하지? 이렇게 많은 귀신을 한꺼번에 승천시킬 수도 없으니!"

하리가 떨리는 목소리로 소리치는 사이, 열차의 문이 닫혀 버렸어요. 열차 밖으로 탈출하려던 계획이 물거품이 되고 만 거예요.

그때 기분 나쁜 웃음소리와 함께 안내 멘트가 들려왔어요.

"3-2번 칸에 살아 있는 인간 아이들이 있는 것을 찾아냈습니다. 여러분, 이 아이들을 어떻게 할까요?"

"같, 이, 가, 자! 같, 이, 가! 저, 승, 으, 로, 데, 려, 가, 자!"

수많은 귀신들이 동시에 소리쳤어요.

"어, 어떡해. 우릴 저승으로 데려가려나 봐!"

당황한 현우가 몸을 덜덜 떨면서 간식이 든 가방을 지하철 바닥에 떨어뜨리고 말았어요. 그 바람에 반쯤 열린 가방 입구로 초콜릿 볼이 또르르 밖으로 굴러 나왔지요.

"으으으!"

갑자기 귀신들이 이상한 소리를 내며 초콜릿 볼을 향

해 달려들기 시작했어요. 서로 초콜릿 볼을 차지하려고 엎치락뒤치락 싸우기까지 했어요.

"초오-코올-리잇!"

간신히 초콜릿 볼을 움켜쥔 귀신 하나가 그걸 먹어치우며 우걱우걱 소리를 냈어요. 그러자 다른 귀신들도 모두 초콜릿이 먹고 싶어 미치겠다는 듯 온몸을 비틀어 댔어요.

이 모습을 본 강림이가 재빨리 현우의 어깨에 손을 올리며 물었지요.

"현우야, 그 가방에 초콜릿 볼이 몇 개나 남았어?"

"그, 글쎄. 한 봉지에 초콜릿 볼이 48개씩 든 초콜릿인데, 이게 13봉지 있었어."

"그래? 그렇다면 몇 개나 남은 거지?"

"그, 그게!"

현우가 머뭇거리는 사이 리온이가 초콜릿이 든 가방을 잡았어요.

"48×13!"

$$\begin{array}{r} 48 \\ \times\,13 \\ \hline ? \end{array}$$

$=(48\times3)+(48\times10)$

$=144+480=624$

"그러니까 초콜릿 볼이 전부 624개인데 그중에 1개를 흘렸잖아. 그러니 빼기 1을 하면, 623개가 되겠지."

리온이가 친절하게 설명해 주었어요.

"우와, 너 정말 대단하다!"

현우가 감탄하는 동안 리온이가 가방 속에 초콜릿 볼

을 전부 쏟아 부었어요. 하리가 대체 무얼 하려고 그러는지 물었지요.

"곧 다음 정거장에 도착하니 열차가 멈출 거야. 그때 이걸 귀신들에게 뿌리려고."

리온이는 귀신들이 서로 초콜릿 볼을 주워 먹겠다고 난리인 틈에 재빨리 열차에서 탈출하면 될 거라고 했어요.

그사이 지하철이 다음 정거장에 멈추어 섰어요.

"애들아, 기회는 딱 한 번이야!"

"준비, 땅!"

리온이가 귀신들을 향해 초콜릿 볼을 흩뿌렸어요.

이번에는 강림이가 하리의 손을 낚아채다시피 잡고는 밖으로 나왔어요. 초콜릿 볼이 든 가방으로 귀신들을 유인한 리온이도 재빨리 밖으로 나왔지요.

그런데 현우가 귀신들 틈에 섞여 버둥거리다가 문밖으로 나오지 못했지 뭐예요!

"애들아, 나만 빼놓고 가면 어떡해!"

현우가 친구들에게 손을 뻗으며 살려 달라고 소리쳤어요. 하리가 현우의 손을 붙잡으려 할 때였어요. 지하철 문이 닫히더니 쌩하니 출발해 버렸어요.

"현우야!"

아이들은 발을 동동 구르며 멀어지는 지하철 뒤꽁무니만 바라보았어요.

다행히 전광판에 '곧 다음 열차가 들어올 예정입니다.'라는 안내 문자가 떴어요. 이를 본 하리가 다음 지하철을 타야겠다고 외쳤어요.

"안 돼! 그건 너무 위험해!"

"그렇다고 현우를 혼자 보낼 순 없어!"

리온이가 말렸지만 이미 마음을 굳힌 상태였지요. 이윽고 다음 지하철이 플랫폼 앞으로 다가왔어요. 하리가 지하철을 타려고 주먹을 움켜쥐었어요.

하는 수 없다는 듯 강림이도 지하철 안으로 성큼 걸어 들어갔어요. 그리고 리온이가 강림이의 뒤를 바짝 따라갔지요.

"너희만 현우를 구하러 갈 작정이야? 나도 그 녀석의 친구라고."

저승 문지기를 속여라!

"이번 역은 이 열차의 마지막 목적지인 저승 입구 역입니다. 내리실 분들은 잊은 물건이 없는지 잘 살펴 주십시오."

하리와 강림이, 리온이는 떨리는 표정으로 열차 문이 열리는 것을 지켜보았어요. 문이 열리자 귀신들이 우르르 밖으로 나가기 시작했어요.

종착역이라 내리는 귀신이 많았어요. 귀신들은 서로 먼저 나가려고 아등바등하다가 넘어지기도 하고, 앞사람을 밀치고 나가려는 귀신 때문에 싸움이 나기도 했어요.

귀신들이 일제히 향한 곳은 '저승 입구'라고 쓰인 개찰구였어요. 개찰구를 빠져나간 귀신들은 번호표를 받아들고 어디론가 향했지요.

"저 많은 귀신들이 한꺼번에 어디로 가는 거지?"

강림이가 중얼거릴 때였어요. 하리가 현우를 찾아 두리번거리며 물었어요.

"그나저나 현우는 어디 있는 걸까?"

마침 리온이의 눈에 바들바들 떨고 있는 신문지 뭉치가 보였어요. 뭔가 수상하다 생각한 리온이가 조심스럽게 신문지를 들춰 보았어요.

역시나 그 속엔 현우가 숨어 있었어요! 귀신들이 개찰구로 나가는 걸 본 현우가 바닥에 놓인 신문지로 얼굴을 가리고 숨었던 거예요.

"얘들아, 너희가 날 구하러 와 주었구나!"

현우는 눈물, 콧물이 범벅된 얼굴을 하고서 강림이에게 와락 달려들었어요. 강림이는 현우를 토닥이면서 차분하게 말했지요.

"다음 열차를 타고 화랑 역으로 돌아가자."

"그럴 수 있을까?"

"이쪽으로 가는 지하철이 있다면 저쪽으로 가는 지하철도 있어야 하는 법이잖아. 우리가 탄 지하철 반대쪽으로 가면 틀림없이 화랑 역으로 가는 지하철이 있을 거야."

강림이가 반대쪽 플랫폼을 가리켰어요.

"그런데 어떻게 저쪽으로 건너가지?"

"일단 개찰구를 통해 밖으로 나갔다가 다시 들어가는 게 아닐까? 보통 지하철은 그렇게 타잖아."

아이들은 귀신들이 빠져나간 개찰구를 물끄러미 바라보았어요.

"좋아, 가 보자."

개찰구 밖으로 나가려 할 때였어요.

"삐삐삐!"

기계 소리가 들리더니 어디선가 커다랗고 사나운 개 한 마리가 나타났어요. 그 개는 저승 입구를 지키는 문지기였어요.

문지기 개는 하리와 아이들을 향해 날카로운 이빨을 드러내며 으르렁거렸어요.

"우, 우린 그냥 집으로 돌아가려는 것뿐이라고."

하리가 문지기 개를 안심시키려고 손을 휘휘 젓고 있을 때였어요.

승무원 옷을 입은 귀신이 하리와 아이들에게 스윽 다가왔어요. 승무원 옷을 입은 귀신은 자신은 귀신들이 저승 입구로 들어가기 전에 입장권을 받는 일을 하고 있다고 소개했지요.

"입장권이요?"

"그래요, 저승 입구로 들어가려면 입장권이 필요하답니다."

"그게 얼만데요?"

강림이의 질문에 승무원 귀신은 원래 가격은 345원이지만, 이것은 생명이 거의 남지 않았거나 아예 없는 귀신에게만 해당하는 값이라고 못박았어요.

"그럼 우리는 얼마를 내야 하는데요?"

"어디 보자, 아직 이렇게 쌩쌩하게 살아 있는 인간이 찾아온 적이 없어서. 그래도 걱정하지 말아요. 승무원 안내 수칙을 살펴보면 입장권 값으로 얼마를 받아야 하는지 알 수 있을 테니까. 아, 여기 있다! 살아 있는 인간의 경우 입장권 값에다가 남은 수명만큼 곱해야 하는군요. 우선 거기 여자아이, 넌 앞으로 90년이 남았군요."

"저, 저요?"

하리가 되물었어요.

"그래요, 너. 너는 345×90을 하면 될 거 같고. 그 옆에 있는 주근깨 소년, 너는 앞으로 남은 수명이 30년이로군요."

$$\begin{array}{r} 345 \\ \times\ \ 90 \\ \hline ? \end{array}$$

"힉, 제가 그렇게 빨리 죽어요?"

현우가 억울하다는 듯 소리쳤어요. 그러자 승무원 귀신이 서류를 살펴보며 중얼거렸지요.

"매일 게임하고, 군것질 좋아하고, 채소는 안 먹고 편식하고, 운동도 안 하고, 잘 씻지도 않고, 그래서 병으로 죽는다고 나와 있어요."

"윽, 말도 안 돼!"

현우가 고개를 절레절레 흔들며 괴로워하자 승무원 귀신이 조언했어요.

"돌아가거든 규칙적으로 살아요. 그럼 수명이 늘어날 테니."

"네!"

"아무튼 너는 345×30만큼만 돈을 주면 돼요."

$$\begin{array}{r} 345 \\ \times\ \ 30 \\ \hline ? \end{array}$$

승무원이 강림이와 리온이의 남은 수명을 계산하려 할 때였어요. 하리가 기어들어 가는 목소리로 우물쭈물 물었어요.

"저…… 그런데 저희가 돈이 없는데 어떡하죠?"

"돈이 없다고?"

돈이 없다는 이야기에 승무원 귀신의 표정이 험상궂게 일그러졌어요.

"무임 승차는 안 돼요. 반드시 돈을 내고 타야 한다고요."

곧이어 승무원 귀신의 몸이 풍선처럼 부풀어 오르더니 마치 헐크처럼 무시무시한 괴력을 가진 괴물로 변해 버렸어요.

아이들이 놀라 당황하는 사이, 승무원 귀신이 다시 한 번 물었어요.

"입장권 값이 얼마라고 했죠?"

"그, 그게 아직 계산을 못해서……."

하리가 겁에 질린 목소리로 답하자 승무원 귀신이 험악한 표정으로 소리쳤어요.

"난 몰래 빠져나가려는 쥐새끼 같은 놈들이 제일 싫어! 자, 보라고! 내가 200년 동안 8,000명이 넘는 귀신들을 저승으로 들여보내 주었지. 이게 다 그 귀신들이 내민 입장권들이야. 이게 모두 몇 개겠어?"

"네?"

"몇 개인지 대답하라고!"

잔뜩 화가 난 승무원 귀신이 빳빳한 입장권을 던지며 소리쳤어요. 그러자 입장권들이 칼처럼 날카롭게 날아와 바닥에 꽂혔어요. 승무원 귀신은 수많은 입장권을 동시에 던졌어요. 이번에는 마치 기관총을 쏘듯 두두두두 날아왔지요.

"으, 계산! 계산을 해야 해!"

강림이가 계산을 시작했어요. 그사이 하리가 신비를 소환했어요.

"신비야, 입장권 공격을 막을 결계를 만들어 줘!"

"나와라! 마법의 결계, 꽵!"

강림이는 계산이 순조롭지 않아 보였어요.

"어떻게 해야 하는 거지? 난 몇 십 대 몇 십 자릿수밖에 계산을 못 하는데!"

"그게 어떻게 하는 건데?"

리온이가 물었어요.

"(몇 십)×(몇 십)은 먼저 (몇)×(몇)을 계산한 다음, 그 값에 곱하는 두 수에 있는 0의 수만큼 0을 쓰면 되는 거야."

30×40=1200	30 × 40	30 × 40 —— 0 0	30 × 40 —— 1 2 0 0

강림이가 예를 보여 주었어요.

리온이가 뭔가 좋은 생각이 떠올랐다는 듯 외쳤어요.

"(몇 십 몇)×(몇 십)은 (몇 십 몇)×(몇)을 계산한 다음, 그 값에 10배를 해 주면 되는 거네. 같은 방법으로 몇 백×몇 천은 원래 있던 0의 수만큼 더 붙이면 되는 게 아닐까?"

"아하!"

"계산하기 편하게 세로셈으로 해보자."

$$\begin{array}{r} 2\,0\,0 \\ \times\ \ 8\,0\,0\,0 \\ \hline 1\,6\,0\,0\,0\,0\,0 \end{array}$$

세로셈을 쓴 두 사람은 금방 답을 알아냈어요.

"200×8,000은 1,600,000. 그동안 아저씨가 받은 입장권의 수는 모두 백육십 만 장이에요! 그렇죠?"

휘이이이이익!

강림이가 숫자를 외치자 크게 부풀었던 승무원 귀신의 몸이 바람 빠진 풍선처럼 줄어들었어요.

그때 귀신들을 잔뜩 태운 또 다른 열차가 들어섰어요. 열차가 멈추자 문이 열리고, 곧이어 수많은 귀신들이 개찰구를 향해 와르르 달려들었어요. 승무원 귀신은 귀신들에게 차례로 줄을 서서 질서 있게 나오라고 소리쳤어요.

그러나 귀신들은 서로 먼저 개찰구를 빠져나가려고 옥신각신했어요. 사람들이 타는 지하철과 다르지 않아 보였어요.

"애들아, 우리도 저 틈에 몰래 끼어서 나가자."

강림이의 말에 모두 귀신들 틈을 비집고 들었어요. 하리는 현우의 손을 꼭 잡았어요.

"이번엔 너도 무사히 빠져나가야지!"

"고, 고마워!"

밀물처럼 밀려드는 귀신들 사이에 몸을 숨긴 채 개찰구를 빠져나오려는데 문지기 개가 아이들을 향해 번뜩이는 이빨을 벌리며 달려들었어요. 놀란 하리와 현우는 바닥에 주저앉고 말았지요.

"하리야, 도망쳐!"

강림이가 퇴마검을 휘두르며 소리쳤어요. 하지만 강림이의 검보다 문지기 개의 몸이 좀 더 빨랐어요. 문지기 개가 이빨을 번뜩이며 하리와 현우를 물어뜯으려 할 때였어요.

"세피르 카드의 힘!"

리온이가 카드를 던져 방어막을 만들었어요. 그러자 하리를 향해 달려들었던 문지기 개의 몸이 바닥으로 내동댕이쳐졌어요.

그 틈에 신비가 요술 요요를 이용해 문지기 개의 입에 물릴 요술 입마개를 만들었어요. 그러고는 강림이를 향해 외쳤어요.

"내가 요술 입마개로 저 녀석의 입을 막을게. 그사이에 놈을 해치워!"

신비의 말이 끝나기 무섭게 강림이가 문지기 개에게로 돌진했어요. 문지기 개도 사납게 머리를 흔들며 강림이를 공격하려 했어요. 그러나 신비가 씌운 입마개 때문에 물 수가 없었지 뭐예요.

"휴, 다행이다."

아이들이 가슴을 쓸어내릴 때였어요.

승무원 귀신이 쫓아와 입장권을 내놓으라고 소리쳤어요. 이에 금비가 주머니를 뒤적거리더니 입장권 몇 장을 꺼냈어요.

"혹시 이건가요? 이런 거라면 내도 엄청 많은데~"

금비가 내민 입장권을 살펴본 승무원 귀신이 맞다며 고개를 끄덕였어요.

"뭐야, 입장권이 있으면 진작 주었어야지!"

"니가 언제 내한테 입장권 달라켄나."

금비가 투덜거리는 현우를 쏘아붙였어요.

금비가 가지고 있던 입장권 덕택에 개찰구를 무사히 빠져나오게 된 아이들은 서둘러 건너편 플랫폼으로 갔어요.

"뿌우우우."

지하철 한 대가 빠르게 들어왔어요. 하지만 아이들은 바짝 긴장한 채 지하철을 쳐다보았어요. 분명 반대편 플랫폼으로 갔는데 지하철 전광판에는 '저승행'이라고 쓰여 있었기 때문이지요.

그런데 지하철이 멈추자 전광판의 글자가 스르륵 사라지더니 '장미 공원 역'이라는 글자가 생겨났지 뭐예요.

"휴, 이제 여기서 탈출할 수 있겠지?"

"그럼! 얼른 타라!"

아이들은 지하철에 올라타며 다시 한번 가슴을 쓸어내렸어요.

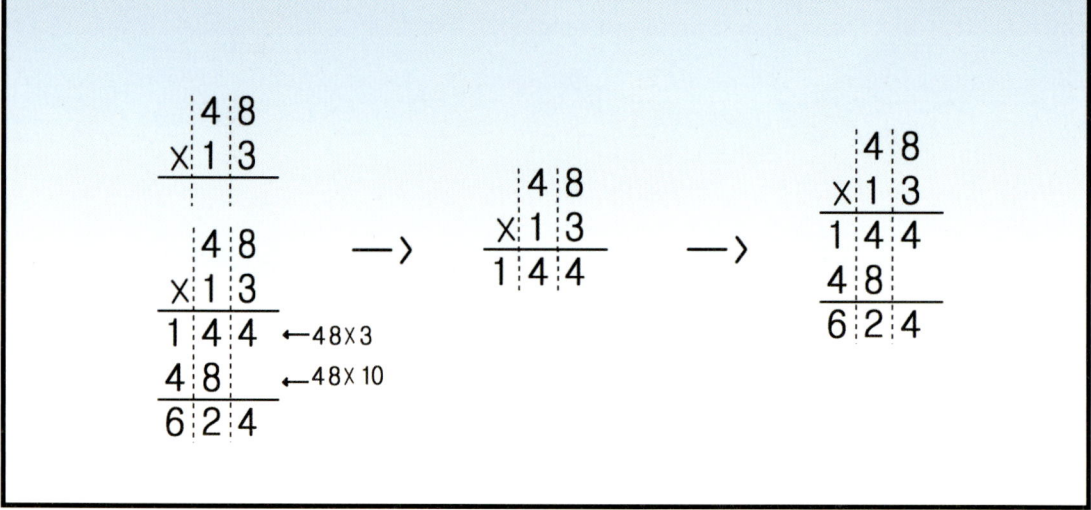

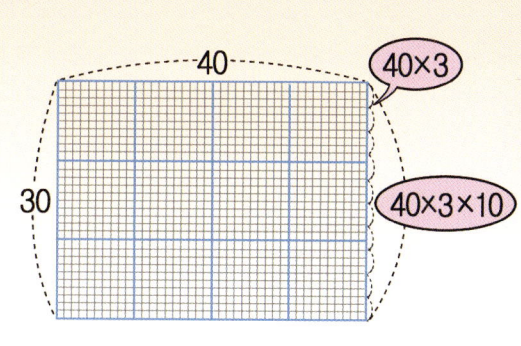

★ 신비가 알려 줄게! ★
승무원 귀신이 말한 입장권 값이 궁금하다고?

(몇 십)×(몇 십)은 (몇)×(몇)을 계산하고 곱의 뒤에 0을 2개 더 붙여준다고 했던 거 기억해?

(몇 백)×(몇 천) 역시 (몇)×(몇)을 계산하고 곱의 뒤에 0 이의 숫자만큼 더 붙여 주면 되는 거야.

200 × 8000 =

(몇 백) (몇 천)
200 × 8000 = 1600000

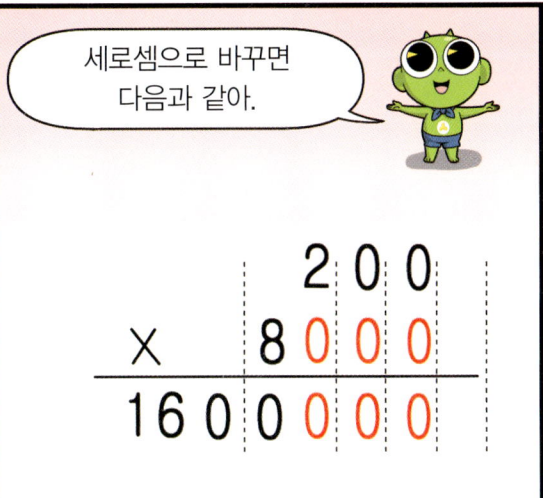

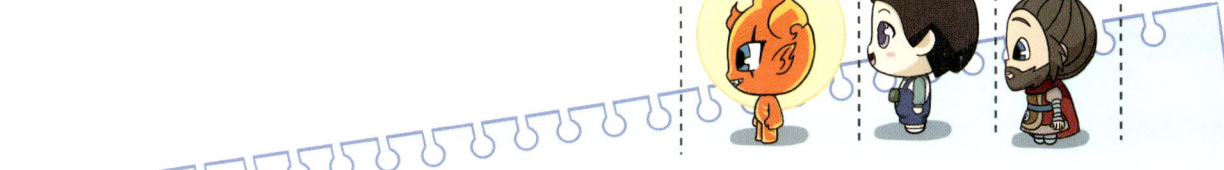

신비의 비법 정리

틀리지 않으려면, 자리 값을 먼저 살펴봐!

곱셈을 세로셈으로 할 때 틀리지 않으려면, 어떤 자리 값인지 정확히 알아야 해. 10의 자리 값인지 100의 자리 값인지 먼저 살펴봐!

신비아파트 고스트볼 X의 탄생 기획 도서 시리즈!!

개념 잡는 수학학습만화
공포수학 1~4권

수학 개념을 재미있는 만화와 함께 알아보자!!
세 자리 수 계산과 분수, 소수도 머리에 쏙쏙!
1권 여러 가지 도형과 길이 재기 2권 세 자리 수 연산과 분수
3권 길이·들이·무게 계산과 큰 수 읽기 4권 곱셈과 나눗셈·분수의 덧셈과 뺄셈

만화와 함께 보는 심리 게임
두근두근 무서운 심리테스트 1~2권

신비, 금비가 알려주는 내 숨겨진 재능은?
만화&심리게임으로 궁금증을 풀어보자!
- 친구의 속마음은?   • 혈액형별 성격 대공개!
- 그 아이의 감정은?   • 내 숨겨진 재능은?

수학개념을 깨우쳐 주는 동화
수학귀신을 잡아라! 1~4권

각도와 삼각형, 원 등
도형의 원리로 수학 귀신을 물리쳐라!
1권 나와라! 분수의 요술 2권 나와라! 도형의 요술
3권 나와라! 도형의 원리 4권 나와라! 곱셈의 요술

어린이 안전 과학 동화
재난 탈출 서바이벌 1~2권

생활 곳곳에서 우리의 안전을 지키기 위한
방법을 알려 주는 서바이벌 동화!
1권 미세먼지와 생활안전
2권 지진과 화재

아·빠·가·알·려·주·는·자·기·경·영·방·법

태토의 부자 되는 시간

이 책은 부자 되는 법을
가르쳐 주는 경제 동화입니다!

태토는 누구일까요?

태토는 엄마 아빠를 사랑하고
게임을 좋아하는 평범한 초등학생이에요.
그런데 어느 날 미래의 자신에게
메시지를 받고 달라졌어요.
태토는 과연 어떻게 달라졌을까요?

자두 낱말 퍼즐

교과서를 분석하여 꼭 알아야 할 단어
만을 뽑았습니다!

❶ 1·2학년 공부의 기초!
   교과서 낱말 퍼즐
❷ 3·4학년 공부의 기초!
   교과서 낱말 퍼즐
❷ 5·6학년 공부의 기초!
   교과서 낱말 퍼즐

자두의 과학일기

과학일기 시리즈는 과학 속에서 부딪히는 궁
금증을 알차고 명쾌하게 풀어 줍니다.

❶~⓯권

자두 역사 일기

각 시대의 인물, 사건, 제도, 생활 모습 등
을 구분하여 설명했기 때문에 역사의 흐
름을 단숨에 파악할 수 있습니다.

❶ 두근두근 역사 일기 [조선 시대]
❷ 콩닥콩닥 역사 일기 [고려 시대]
❷ 갈팡질팡 역사 일기 [삼국 시대]

안녕 자두야 놀면서 똑똑해지는 두뇌개발 시리즈

단계별로 4×4, 6×6, 9×9 스도쿠 기초 230문제, 기본 200문제 수록!

자두가 친절하게 설명해 주는 스도쿠 풀이법이 담겨 있어요!

① 안녕 자두야 스도쿠 기초
② 안녕 자두야 스도쿠 기본

수수께끼 숨은그림찾기로 집중력을 키워 주세요!

아이들의 두뇌개발에 아주 큰 도움이 되는 신개념 놀이책입니다!

① 상상력이 팡팡 터지는 수수께끼 숨은그림찾기
② 창의력이 빵빵 터지는 수수께끼 숨은그림찾기
③ 사고력이 쑥쑥 자라는 수수께끼 숨은그림찾기
④ 탐구력이 팡팡 점프되는 수수께끼 숨은그림찾기

공부 두뇌가 빵 터지는 교과서 놀이!

재미있는 문제에 놀이가 더해져 아이들이 잠시도 한눈을 팔 수 없게 만든 학습 놀이책입니다

① 공부 두뇌가 빵 터지는 수학놀이
② 공부 두뇌가 빵 터지는 과학놀이

채우리　　　※가까운 서점 및 마트, 인터넷 서점에 있습니다.　※문의: 02-828-8962